FC BARCELONA:
Głos
z SZATNI

KRAKÓW · 2011

Polska wersja okładki by Jarek Bereta

Redakcja i korekta
Tomasz Lasota, Michał Rędziak, Przemysław Romański

Skład
Radosław Dobosz

ISBN: 978-83-931575-2-5

SQN

Wydawnictwo Sine Qua Non

www.wsqn.pl

FC BARCELONA:

Głos

z SZATNI

Z dedykacją dla całej drużyny Hat Trick Barça,
dzięki której przychodzenie do pracy każdej niedzieli staje się prawdziwą przyjemnością.

Xavier i Santi

LFP

Prolog

Program *Hat Trick Barça* ruszył w tym samym czasie, kiedy młody i „niedoświadczony" Pep Guardiola objął posadę trenera w Futbol Club Barcelona.

Tytuły, ale przede wszystkim świetna gra, sprawiły, że w trakcie dwóch sezonów klubowe muzeum wzbogaciło się o Puchar Ligi Mistrzów, Puchar Klubowych Mistrzostw Świata, Superpuchar Europy, dwa mistrzostwa kraju, Puchar Króla i dwa Superpuchary Hiszpanii. Osiem trofeów na dziesięć możliwych. Abstrahując od stratosferycznej gry piłkarzy i niezmordowanych chęci ciągłego wygrywania, tym, co w złotej księdze historii Barcelony zostanie zapisane jako sukces Guardioli, będzie umiejętność dotarcia do zawodników, którzy zrozumieli, że kluczowym słowem do osiągnięcia najwyższych celów jest «DRUŻYNA». Tak, pisane wielkimi literami.

Pep stworzył dwie grupy: głównych bohaterów i postaci anonimowych, wymieszanych razem, aby uformować zespół wyjątkowy. Ci drudzy pracują na rzecz pierwszych, a wszyscy razem, zjednoczeni, pracują po to, aby kibic Barçy każdego dnia był coraz bardziej dumny z bycia culé.

Świętowanie w Rzymie, Monaco i Abu Dhabi niosło za sobą wzorowy obrazek: sardana (narodowy taniec kataloński – przyp. tłum.) w wykonaniu piłkarzy, trenerów i pozostałych członków sztabu szkoleniowego z pucharem na środku boiska. To najlepszy przykład tego, ile znaczy ta Barça.

Przesłanie Guardioli znalazło w szatni podatny grunt. Piłka nożna jest doskonałą szkołą życia. Puyol, Bojan, Iniesta, Piqué, Messi, Alves, Milito, Xavi, Valdés, Pedro, Pinto, Villa, Busquets, Mascherano, Abidal, Maxwell, Adriano, Jeffren i Keita zademonstrowali prawdopodobnie najlepszy futbol, jaki kiedykolwiek widziano, ale również w znakomity sposób wcielili w życie fundamentalne wartości, niezbędne dla rozwoju każdej drużyny i, w szerszym znaczeniu, każdej społeczności: zobowiązanie, wychowanie, szacunek, odpowiedzialność, prostota, radość, poświęcenie, skromność, koleżeństwo, progres, solidarność, szczerość, praca i wysiłek.

Książka *Paraula de Pep* (wydanie polskie, *Paraula de Pep*, pojawi się w drugiej połowie 2011 roku – *przyp. wyd.*), wydana przez TV3 i Ara Libres, zgłębia filozofię Guardioli tak jak zostało to przedstawione w popularnym programie TV3 o takim samym tytule, prowadzonym przez Santiego Pedró i realizowanym przez Xaviera Garasę. Pozycja ta spotkała się ze wspaniałym przyjęciem i znajduje swoją kontynuację w FC *Barcelona: Głos z szatni*. Przybliża nas ona do modelu, który pozwolił Guardioli odnieść sukces, dzięki wywiadom, jakie w programie *Hat Trick Barça* przeprowadzono z piłkarzami.

To oni są bohaterami blaugrana, którzy zamienili Barcelonę w najlepszy klub świata. To oni stali się najlepszym wzorem do naśladowania i dla młodzieży, i dla tych nieco starszych.

Barça Guardioli, ta DRUŻYNA pisana wielkimi literami, jest wyjątkowa na murawie, ale również w szatni.

W programie *Hat Trick Barça* bawiliśmy się doskonale, goszcząc piłkarzy blaugrana i dzieląc z nimi rzeczywistość, zarówno tę niesamowitą, jak i normalną. Mamy nadzieję, że teraz wszyscy będziecie czerpać radość z tej szkoły życia, która nazywa się *Barça*.

Potraktujcie to jako zmontowane wideo naszego programu, z muzyką i obrazem najwyższej jakości, tyle że w tym wypadku ze spektakularnymi fotografiami Jordiego Cotriny. Oto przed wami…

FC Barcelona: Głos z szatni.

Xavier Torres
Santi Padró

Gdy mówi się o Barcelonie, w myślach ma się nie tyle szereg zdobytych trofeów i pobitych rekordów – te wydają się zaledwie dodatkiem, okraszającym coś więcej niż piłkarski klub. W Barcelonie chodzi o filozofię, którą sama stworzyła i wiernie wyznaje, znajdując poklask i wywołując podziw na całym świecie. Filozofia ta nie opiera się wcale na parciu do sukcesów za wszelką cenę. One przyszły, to prawda, ale dzięki cierpliwości, mozolnej pracy i wierności własnym ideom. Dlatego okazują się tak trwałe i wzbudzają ogromny szacunek.

Książka, którą trzymasz właśnie w rękach to świetna szansa na odwiedzenie świata blaugrana. Możesz znaleźć się w tym samym miejscu, gdzie jest teraz FC Barcelona – na szczycie futbolowego królestwa. Jeśli jednak szukasz tajemnicy, możesz się srogo zawieść. Znajdziesz tu wysiłek, solidarność, szacunek i radość.

Kluczem do sukcesów są wartości, które Barça pielęgnuje od ponad stu lat. Jej filozofia opiera się na przekazywaniu ich z jednego piłkarskiego pokolenia na drugie. Dlatego Guardiola tak świetnie pasuje do tego świata – sam został przezeń ukształtowany. Niegdyś podpatrywał Bakero, potem jego podglądali Xavi i Iniesta, którzy dziś są wzorem dla młodych piłkarzy z *La Masii*. Historia idzie dalej torem wytyczonym dawno temu przez klub.

Każdy gracz wywodzący się ze słynnej szkółki ma unikalny kod DNA Barçy. Wychodząc na boisko doskonale wie, że gra w piłkę to sposób na niesienie radości kibicom i samemu sobie. To walka o wyższe niż sportowe cele. To walka o siłę tradycji, o kulturę, język, o Katalonię.

Każdy w klubie ma świadomość, że pisze swoją część piłkarskiej historii. Solidarność zespołu to ważna część filozofii. Twórcami sukcesu nie są pojedynczy gracze, nawet nie jedenastu czy dwudziestu pięciu piłkarzy. Wszyscy. Trenerzy, fizjoterapeuci, pracownicy klubu i kibice. Najwspanialsze w Barcelonie jest to, że każdy, kto czuje się z nią związany, dokłada swoją cegiełkę. Porażki przyjmowane są z godnością, sukcesy napawają dumą. W każdym płynie bordowo-granatowa krew.

Tomasz Lasota
Prezes FCBPolska

XAVI HERNÁNDEZ

Wzór

Kiedy nie posiadamy piłki,
cierpimy fizycznie,
ale również psychicznie.
Musimy mieć piłkę,
by być bardziej sobą.

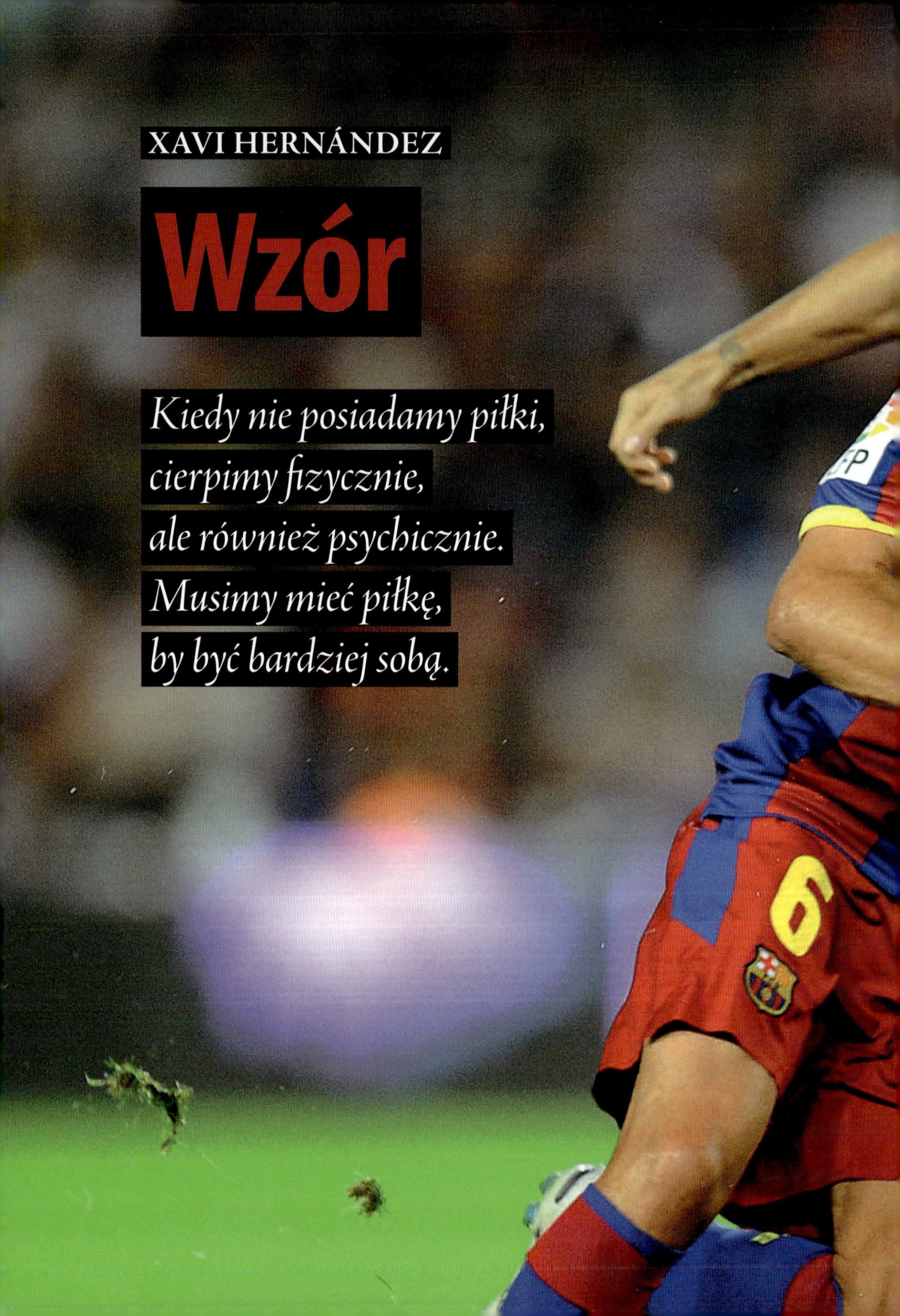

unicef
FIFA
5

Pełnią szczęścia dla piłkarza jest opuszczenie Camp Nou pośród owacji. Najważniejsze, **że publiczność docenia twoją pracę.**

barça TV
barça TV

PIRELLI
1872
Milano Italia

Jestem całkowicie zależny od kolegów z drużyny i teraz, gdy otrzymuję nagrody indywidualne, cieszę się, że mogę to powiedzieć.

Na boisku zawsze szukam współpracy z kolegą, pomagam, komunikuję się.

LFP
unicef
6
7

Jednym z kluczowych czynników, jakie miały wpływ na miejsce, w którym się znajdujemy, są wychowankowie. Jest zaangażowanie i współpraca. Oni zawsze będą czuli to lepiej niż inni.

Chciałbym przejść do historii jako piłkarz Barcelony, który wygrał najwięcej trofeów. I my, ta generacja, mamy w rękach wszystko, co pozwoli nam to osiągnąć.

LEO MESSI

Prostota

Nie staram się być przykładem niczego. Jestem bardzo prostą osobą, która działa zawsze w sposób naturalny. Gdybym w każdej chwili miał myśleć o innych, popadłbym w szaleństwo.

Wszyscy mówią,
że jestem **najlepszym**
piłkarzem świata,
ale ja nie chcę nawet
o tym myśleć.

DANI ALVES
2
MESSI
10

Kluczem jest odpowiednie podejście wszystkich zawodników. Mamy ochotę cały czas wygrywać i dlatego każdy mecz traktujemy jak finał.

To nie jest normalne, że strzelam tyle goli. Dla napastnika mieć za sobą Xaviego, Sergio czy Iniestę to prawdziwy luksus. Każdy gol jest zasługą całej drużyny.

unicef

Pep powiedział mi kiedyś, że gdy tylko stracę piłkę, mam walczyć jak szalony, by ją odzyskać. To pomaga mi być bardziej skoncentrowanym, ponieważ zawsze mam co robić i nigdy nie mogę się poddać.

unicef

unicef

Im więcej kopniaków dostaję, tym bardziej zmotywowany się czuję.

ANDRÉS INIESTA

Szacunek

Futbol jest szkołą życia. Spośród wszystkich wartości ja wyróżniam szacunek dla przeciwnika.

Myślę, że czasem dziennikarze **przesadzają, gdy mówią, że jestem tak dobry.**

A. INIESTA
8

Najbardziej pragnę uszczęśliwiać ludzi.

Chcę być oceniany za to, co robię na murawie. Poza boiskiem wolę pozostawać niezauważony. Jestem, jaki jestem i jeśli to oznacza, że jestem prostym człowiekiem, tak właśnie jest. Nie interesuje mnie bycie wyniosłym, ani mówienie źle o innych.

U.BOMMEL
17
2006 PARIS

Najgorszy moment w mojej sportowej karierze nadszedł wtedy, gdy dowiedziałem się, że będę rezerwowym podczas finału Ligi Mistrzów przeciwko Arsenalowi w Paryżu. W finale w Rzymie, w którym wyszedłem w podstawowym składzie, mogłem wynagrodzić sobie tamtą krzywdę.

Kiedy doznajesz kontuzji, bardzo dojrzewasz jako **człowiek**.

FIFA.com
FIFA
FIFA
FIFA
FIFA

SERGIO BUSQUETS

Solidarność

Musisz pamiętać o swoich korzeniach i szanować wszystkich. Znam inne sposoby na życie, ale ten, który mnie interesuje, to mój własny.

Trzeba wykorzystywać **szanse**, które dostaje się od życia.

unicef

Wzajemne ostrzeżenia i nawoływania na boisku sprawiają, że jesteśmy lepszą drużyną, lepiej się rozumiemy, wszyscy jesteśmy silniejsi. Trzeba pomagać każdemu koledze, który opuszcza swoją pozycję, by wypełnić powstałą w ten sposób lukę. Musisz także współpracować w ofensywie dla dobra zespołu, a nie popisywania się.

Czasem euforia kibiców i dziennikarzy bierze górę, ale my nie możemy jej ulec. Futbol widziany ze środka boiska jest nieco trudniejszy, niż ten postrzegany z boku.

Czasami rozmiar jednak ma znaczenie. My, wysocy, musimy pomagać tym mniejszym.

Mamy wielu bardzo dobrych, wartościowych zawodników, ale jesteśmy świadomi, że żaden piłkarz nie mógłby zrobić nic bez pozostałych.

DAVID VILLA

Progres

Ta drużyna jest głodna sukcesów. Przyszedłem tutaj, żeby zdobywać trofea i widzę, że moi koledzy nie zmęczyli się jeszcze wznoszeniem kolejnych pucharów.

VILLA
7
LFP

Na Camp Nou, gdy występujesz **w roli gościa**, mecze stają się bardzo długie.

PUYOL
5

LFP
unicef

Puyol, Iniesta i Xavi *zadręczają* mnie poleceniami i zagraniami, które dla mnie są nowe. Oni są urodzonymi zwycięzcami, ale ja także nim jestem, a zatem zrozumiemy się z łatwością.

Kluczem do wszystkiego jest to, że szatnia Barçy pełna jest dobrych ludzi.

GERARD PIQUÉ

Odpowiedzialność

W Anglii nauczono mnie, że piłkarzem jest się 24 godziny na dobę, a nie tylko przez dwie godziny meczu.

Naszą grę
jeszcze można
poprawić.

Dzień mojego powrotu do Barcelony był **spełnieniem marzeń**, ponieważ moment odejścia był dla mnie bardzo trudny. Przechodziłem do Manchesteru United, który jest wielkim klubem, ale opuszczenie Can Barça było niezwykle ciężkie. Poza tym zawsze istnieje ryzyko, że możesz już nigdy nie wrócić.

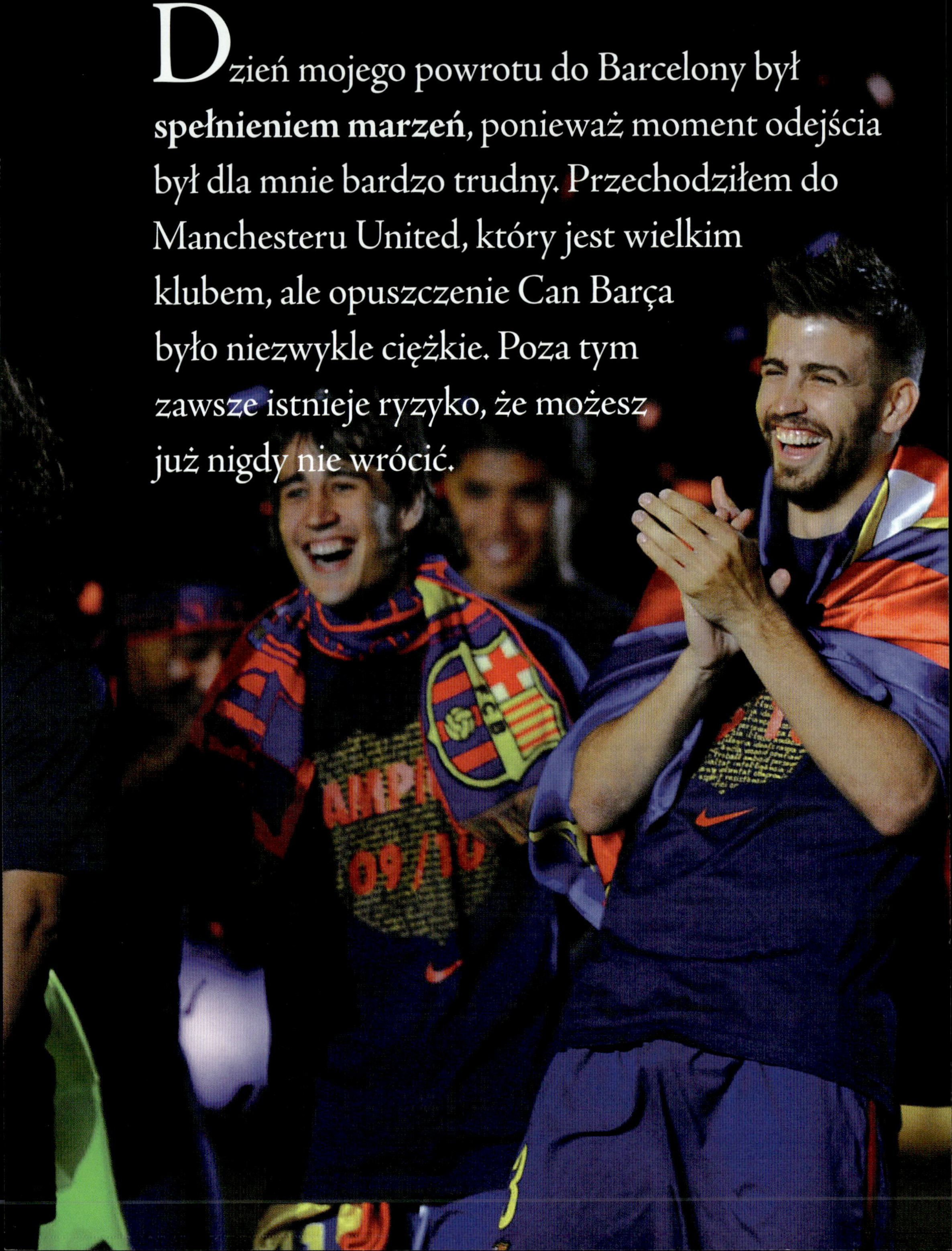

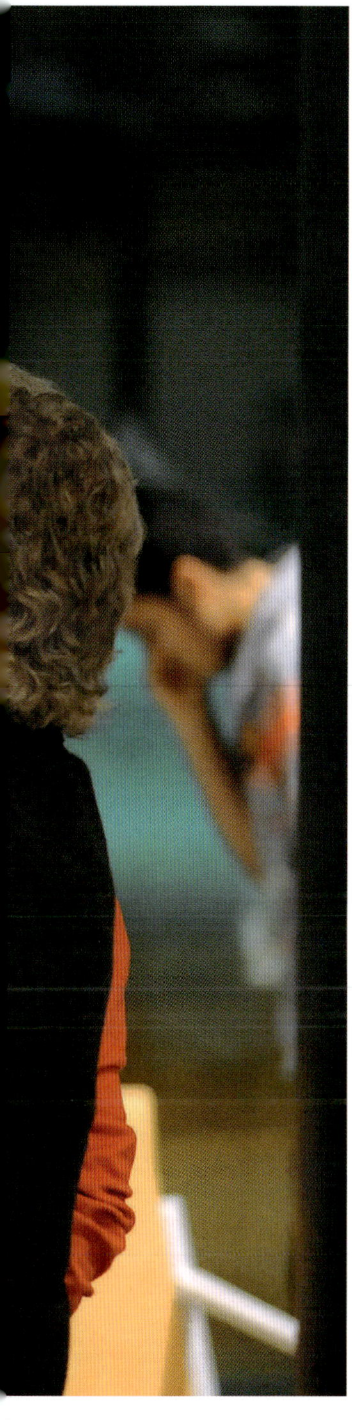

Dla piłkarza najważniejsza jest rodzina. Rodzina zawsze cię prowadzi, pomaga twardo stąpać po ziemi, sprawia, że wiesz, kim jesteś i skąd pochodzisz.

Drużyna walczy o wszystko, chce wygrywać wszystkie trofea. Ta drużyna zawsze chce wygrywać, jest przyzwyczajona do wygrywania z kim się da i gdzie się da. Zawsze chce więcej i więcej. Chce bez przerwy sięgać po kolejne trofea.

unicef

CARLES PUYOL

Zaangażowanie

To oczywiste, że uczucie wychowanków jest silniejsze niż zawodników z zewnątrz, ale zaangażowanie wszystkich jest jednakowe. I to widać każdego dnia.

Ta drużyna od dawna udowadnia, że jest głodna sukcesu i **chce walczyć aż do końca.**

DIESEL

Musimy trzymać się
wszyscy razem, to jest klucz.
Ci, którzy nie grają, też
zawsze dokładają coś od siebie.
Właśnie tak zdobywa się trofea.

Jeśli będziemy myśleć, że jesteśmy najlepsi, jeśli nie będziemy grać z taką samą intensywnością, z takim samym zapałem i podejściem, przegramy.

Ucałowanie barw Katalonii po golu zdobytym na Santiago Bernabéu to dedykacja dla wyjątkowego przyjaciela, którego bardzo kocham, a także **dla wszystkich culés i wszystkich Katalończyków**. To coś, co pochodzi z serca.

Pokonanie Realu Madryt 6:2 na Santiago Bernabéu to prawie jak zdobycie tytułu.

PEDRO RODRÍGUEZ

Skromność

Nie jestem żadną gwiazdą. Ale owszem, gram z gwiazdami i dlatego każdego dnia staram się czegoś nauczyć. Ja ograniczam się do wytężonej pracy.

To, co Messi robi na treningach, jest o wiele bardziej **spektakularne**, niż to, co prezentuje w weekendy.

Barça TV
TURKISH AIRLINES
unicef

UEFA.CO

Grać w Primera División jest bardzo trudno, a grać w Barcelonie, jeszcze trudniej. Musisz poświęcać wiele rzeczy, wykorzystywać każdą okazję, mieć szczęście i ciężko pracować.

W Tercera División nie strzelałem goli, a w Primera robię to z łatwością. To dzięki kolegom, których podań po prostu nie da się zmarnować.

MU

BOJAN KRKIĆ

Wychowanie

Moi rodzice nie pozwalają mi się rozpraszać. Nie chcą też, abym rozmawiał przez telefon czy słuchał muzyki przez słuchawki w obecności innych osób. Uważają za brak wychowania niezwracanie uwagi na kibiców, którzy chcą autograf albo choćby tylko się przywitać. I mają rację.

Marzy mi się strzelanie gola w każdym meczu. My, napastnicy, **zawsze mamy w głowie kolejne bramki**.

LFP

Kiedy w ubiegłym sezonie byłem zawodnikiem podstawowego składu, koledzy to szanowali. Teraz ja muszę szanować tych, którzy grają w wyjściowej jedenastce.

EUROLEAGUE
BASKETBALL
NIKE
JUST DO IT

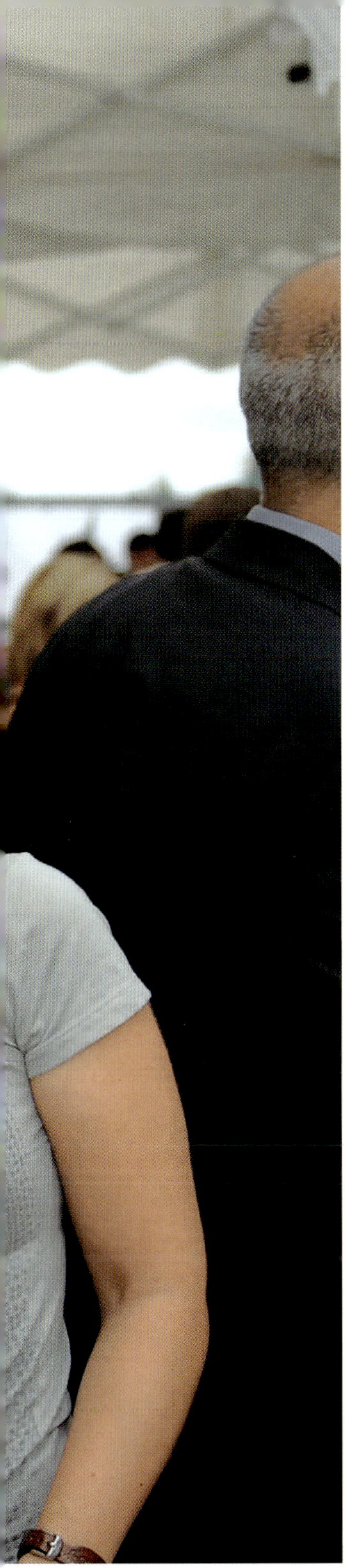

Nie zrobiłem niczego, by zasłużyć na taką *sympatię* ludzi, ale jestem im za nią bardzo wdzięczny.

ADRIANO, MAXWELL,
JEFFREN I ABIDAL

Podziw

Kiedy grasz z Barceloną, jesteś atletą. Kiedy grasz w Barcelonie, jesteś piłkarzem.

ADRIANO CORREIA

Moi francuscy przyjaciele mówią, że nasza Barça gra lepiej niż Barça z PlayStation. ERIC ABIDAL

To, co przeżywa się w FC Barcelona to zupełnie coś innego. Dobrze się tu bawisz, sprawiasz radość innym i wygrywasz. Czego chcieć więcej?

MAXWELL

Klub od małego uczy cię dobrego wychowania. Możesz wygrywać albo przegrywać, ale nigdy nie możesz splamić herbu ani klubowej koszulki. W grze jest zbyt wiele uczuć.

JEFFREN SUÁREZ

PABLO H.
19
LFP
galp

VÍCTOR VALDÉS

Mentalność

W Barcelonie liczy się zwycięstwo. Jeśli ktoś tego nie rozumie, nie znajdzie dla siebie miejsca w szatni.

Jesteśmy **DRUŻYNĄ**,
pisaną wielkimi literami.

Każdego dnia, gdy wstaję z łóżka, czuję, że jestem uprzywilejowany.

Życie bramkarza Barçy można streścić w dwóch słowach: najwyższa koncentracja.

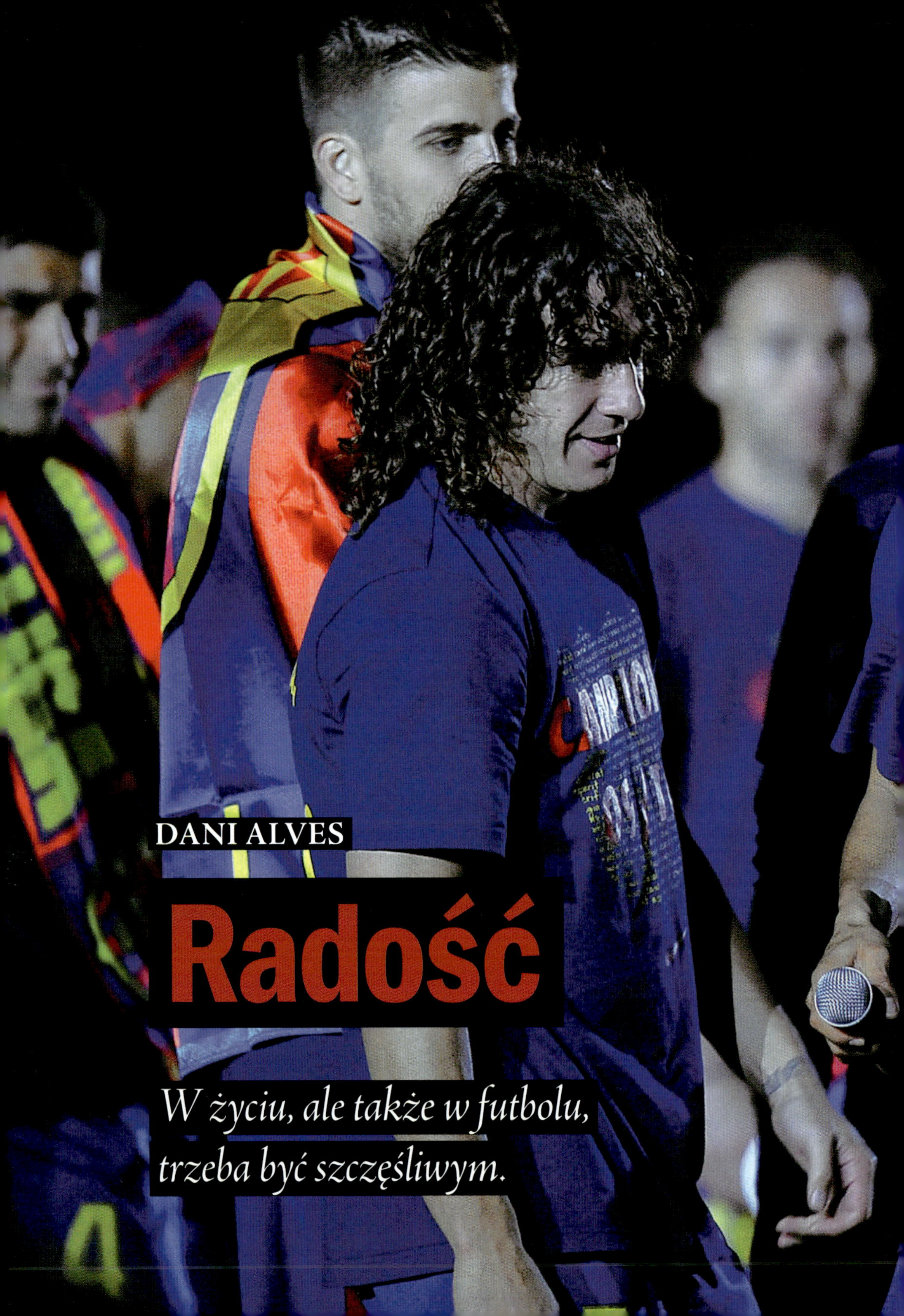

DANI ALVES

Radość

W życiu, ale także w futbolu, trzeba być szczęśliwym.

CAMPIONS
09/10

Trzeba pracować każdego dnia, by móc **cieszyć się** w weekend.

Oglądanie gry tej drużyny wprawia w zachwyt. Kiedy patrzysz z boku, dopiero wtedy zdajesz sobie sprawę, że to futbol, który czaruje i zachwyca.

unicef
MESS
10

W profesjonalnym futbolu liczą się zwycięstwa, ale my, piłkarze, wolimy wygrywać, dobrze się przy tym bawiąc.

Iniesta, Xavi i Messi powinni być Brazylijczykami. Za sprawą swojej gry już nimi są. Szkoda, że nie urodzili się w moim kraju.

MASCHERANO, KEITA I MILITO

Szczerość

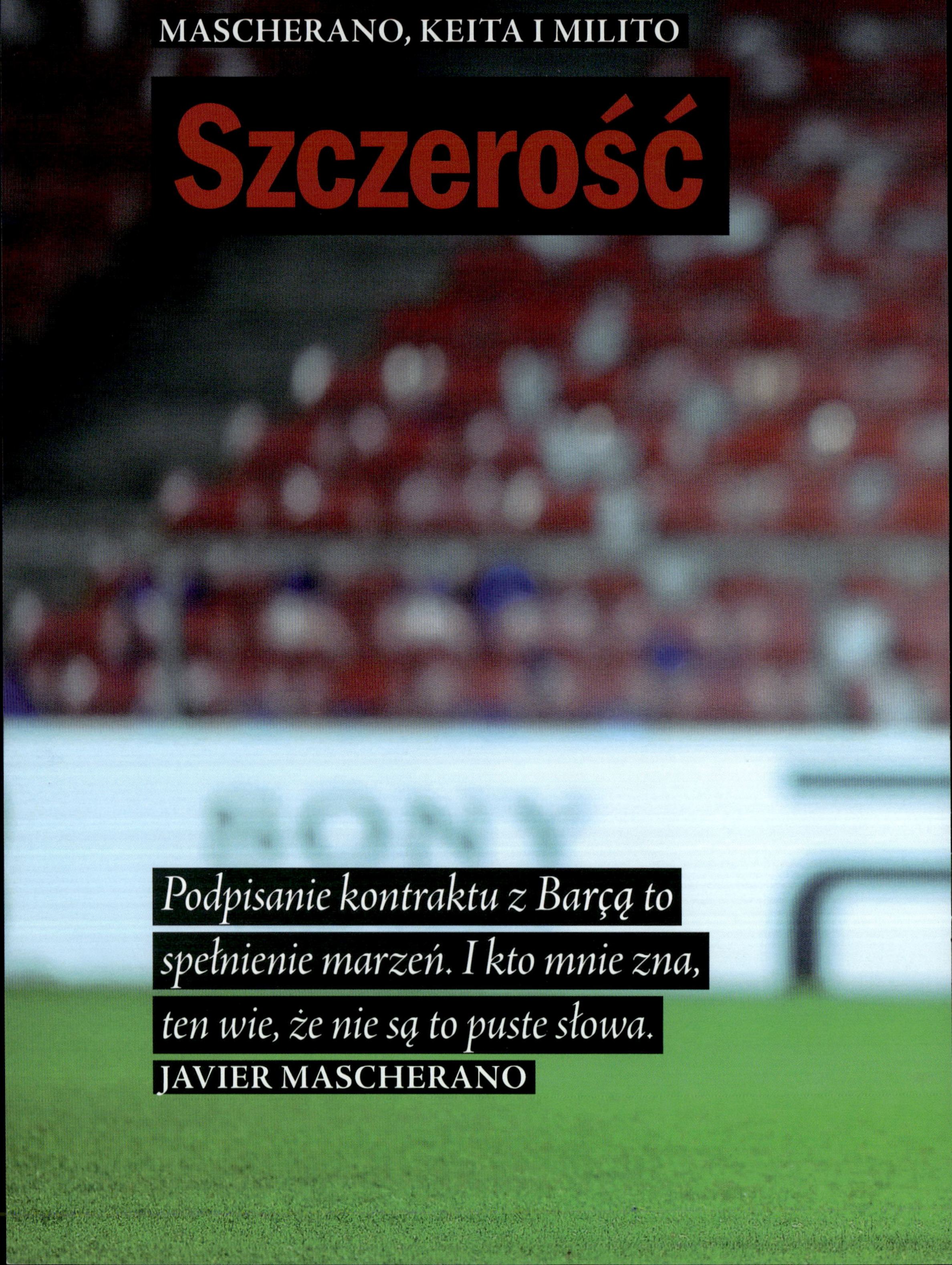

Podpisanie kontraktu z Barçą to spełnienie marzeń. I kto mnie zna, ten wie, że nie są to puste słowa.

JAVIER MASCHERANO

unicef
15

Dzięki pokorze i pracy najpierw trafiłem do Sevilli, a później do Barcelony. To jedyna możliwa droga. SEYDOU KEITA

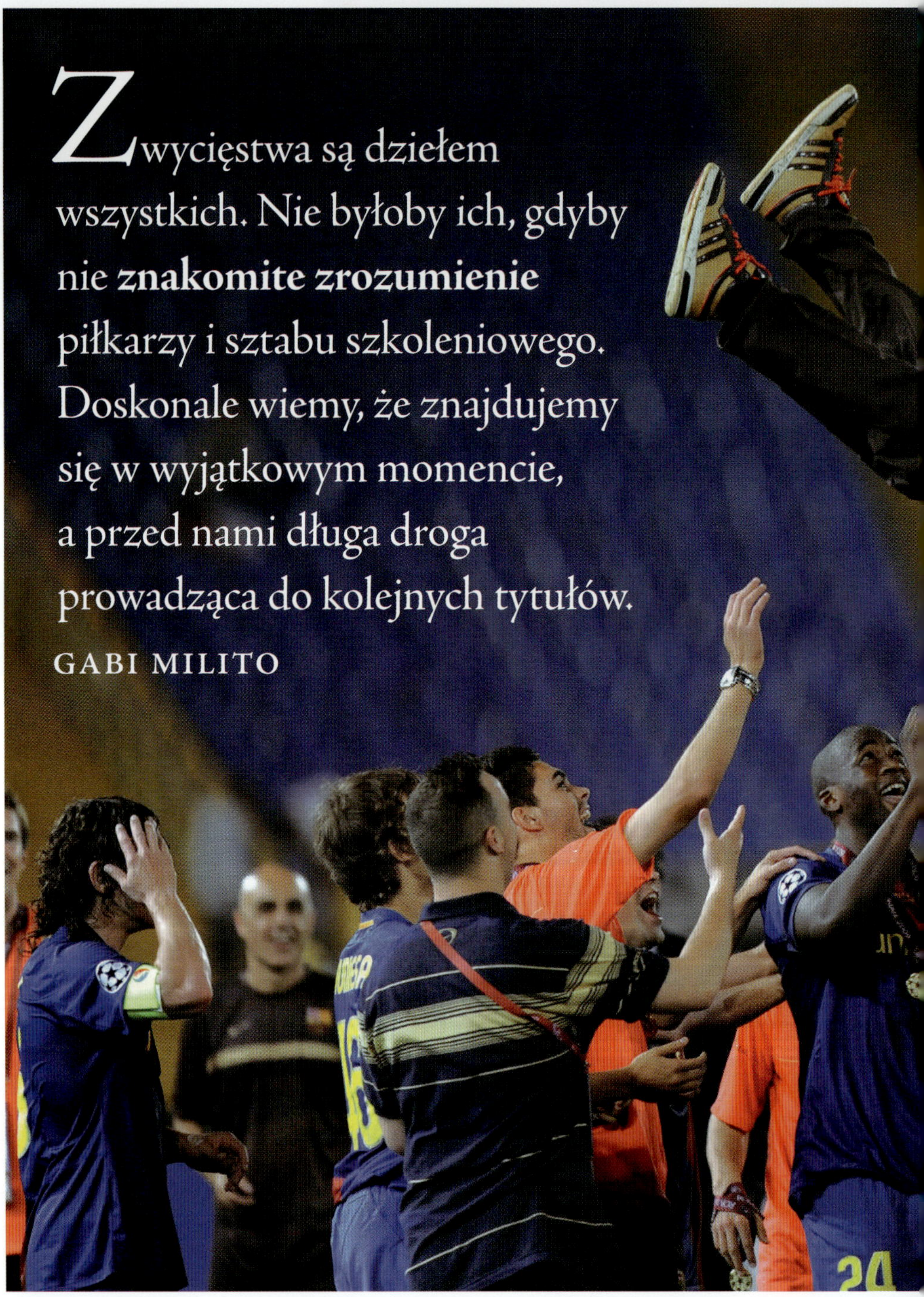

Zwycięstwa są dziełem wszystkich. Nie byłoby ich, gdyby nie **znakomite zrozumienie** piłkarzy i sztabu szkoleniowego. Doskonale wiemy, że znajdujemy się w wyjątkowym momencie, a przed nami długa droga prowadząca do kolejnych tytułów.

GABI MILITO

PEDRO
27

Kupuje cię Barça i myślisz, że umiesz już wszystko. Nagle włączasz się do gierki na treningu i wyglądasz jak junior. Tutaj piłka szybko pokazuje ci twoje miejsce.

SEYDOU KEITA

JOSÉ MANUEL PINTO

Koleżeństwo

Zespół jest zjednoczony. Nie tylko ci, którzy grają, ale wszyscy. I najlepszym sposobem na wyrażenie tego jest wyściskanie się.

Czuję się uprzywilejowany, ponieważ **jestem w najlepszej drużynie świata**, mam tego świadomość i cieszę się tym każdego dnia.

Drużyna zaszczepia nową filozofię wśród kibiców culé: teraz młodzi mają inną mentalność, są większymi optymistami.

ence

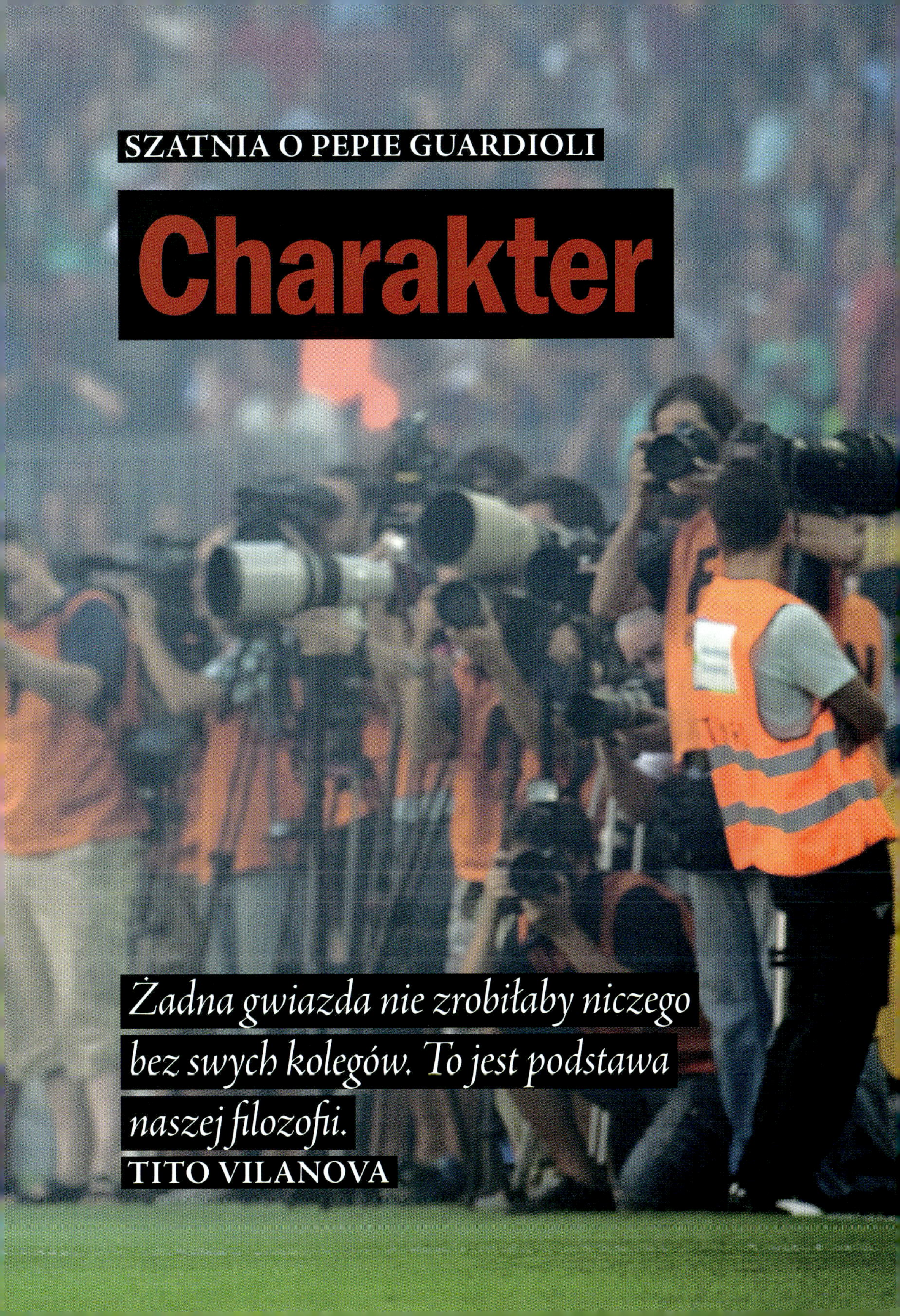
SZATNIA O PEPIE GUARDIOLI
Charakter
Żadna gwiazda nie zrobiłaby niczego bez swych kolegów. To jest podstawa naszej filozofii.
TITO VILANOVA

Guardiola zmienił moje życie.

PEDRO RODRÍGUEZ

Język Guardioli rozumiem perfekcyjnie, to jest język Barçy i jest on uniwersalny. Tym bardziej dla nas, którzy obcowaliśmy z nim odkąd skończyliśmy 10 czy 11 lat.

XAVI HERNÁNDEZ

Pep bardzo nad nami czuwa. Robi to dobrze, daje swobodę, lecz kiedy trzeba wymagać, wymaga. CARLES PUYOL

Guardiola zaraził nas entuzjazmem i zapałem, co pokazuje na każdym kroku. I dzięki temu staliśmy się silni.

LEO MESSI

Jeśli jakiś piłkarz wątpił w umiejętności Guardioli, bo wcześniej tylko przez rok pracował w Tercera División, gdy tylko posłuchał go pierwszego dnia w szatni, z pewnością zmienił zdanie. Pep przekazuje nam wiedzę, pasję i emocje, czyli wszystko.

ANDRÉS INIESTA

Pep codziennie cię zaskakuje.

GERARD PIQUÉ

Nauczyłem się więcej przez dwa miesiące od Guardioli, niż przez wiele lat od innych trenerów. JAVIER MASCHERANO

Guardiola jest jednym z nas. Widzi wszystko na boisku, ale poza nim jeszcze więcej. Prowadzi zespół w taki sposób, jakiego nie widziałem jeszcze u nikogo. To crack, który zaznaczy epokę w historii futbolu. DANI ALVES

Nie znałem nikogo takiego jak on. Podziwiam jego młodzieńczego ducha, jego otwartą mentalność, szczęście, które miał, mogąc uczyć się od wcześniejszych trenerów, jego charakter… JOSÉ MANUEL PINTO

Pep przekonuje cię od chwili poznania. On posiada coś, czego wielu innym, wielkim trenerom brakuje: empatię, ludzkie odruchy.

GABI MILITO

MESSI
KEITA
15
unicef
unicef
PEDRO

Sekrety i anegdoty HAT TRICK BARÇA

VALDÉS

Dylan Valdés, pierwszy syn bramkarza Barcelony, urodził się 20 sierpnia 2009 roku. Dokładnie rok i cztery miesiące wcześniej Victor po raz pierwszy odwiedził program *Hat Trick Barça*. Dziecko przyniosło mu spokój, ale również szczęście, ponieważ – na przykład – na przekór prognozom Hiszpania wygrała mistrzostwa świata w RPA. «Chłopiec ma duże dłonie i stopy…». «Jak dobrze!», pomyśleliśmy... Przyszły bramkarz dla Barcelony. A jednak nie: «Mam tylko nadzieję, że nie zostanie bramkarzem, że zajmie się czymś innym, ponieważ to jest bardzo ciężka praca, która niesie ze sobą wiele trudnych chwil». Cóż, zobaczymy, bo koniec końców to do Dylana będzie należało ostatnie słowo, prawda?

Zanim odpowiedział nam na pierwsze pytanie, Dani Alves, synonim radości w szatni Barcelony, wybuchł kilkoma głośnymi «Ha! ha!». Pokazał nam swoje tatuaże: twarz jego matki otoczona imieniem jego ojca na plecach, twarz żony na prawym ramieniu oraz imiona dwójki dzieci na klatce piersiowej. I jeszcze Tweety oraz kot Silvestre na nodze. Dowiedzieliśmy się również, że «Julia Roberts to moja ulubiona aktorka».

ALVES

«Ze względu na grę czy wygląd?», zapytaliśmy. «Nie, nie, ze względu na grę». «A mnie podoba się jej wygląd», powiedział Xavier Torres. «Wiesz co? Widzę, że masz całkiem niezły gust», wypalił Dani ze śmiechem!

Piqué w scenerii telewizyjnej zachowuje się jak w życiu: bez kompleksów. Esemesem wysłał nam tytuł swojej ulubionej piosenki (*With you* Chrisa Browna), abyśmy przygotowali mu część muzyczną. Zostawił nam dwie perełki. Pierwsza: «Mój debiut (13 sierpnia 2008 w eliminacjach Ligi Mistrzów z Wisłą Kraków) był przypadkowy: siedziałem na ławce rezerwowych, ale – ponieważ Alves doznał kontuzji – Guardiola posłał mnie na rozgrzewkę. Ja, przekonany, że nie będę grał, już wcześniej zdjąłem buty i koszulkę. O matko! Jaki wściekły był Pep! A przecież u niego trzeba zawsze zachowywać najwyższą koncentrację i na boisku, i na ławce!». I druga: «Jeszcze gorszy był Van Gaal. Miałem 12 lat, byłem w domu mojego dziadka, jednego z dyrektorów klubu, Amadora Bernabéu. Wyciągnąłem rękę do Van Gaala, żeby się przywitać, a on mnie popchnął, aż się przewróciłem. „Ty nie być silny, żeby być stoperem Barcelony!". Zamarłem. Na szczęście nie miał racji!».

Jednym z warunków, jakie postawił nam Carles, żeby przyjść do *Hat Trick Barça* było poznanie Jordiego Ríosa, aktora grającego go w *Crackòvii* (satyryczny program nadawany w każdy poniedziałek w TV3, zajmujący się tematyką sportową z naciskiem na Barcelonę, Espanyol i Real Madryt – przyp. tłum.). Spotkali się na żywo przed kamerami i Puyol naprawdę odebrał mowę Puyolowi z programu. «Lepiej ty graj w reprezentacji, a ja zostanę w domu i zaopiekuję się Quecą!» (Queca, czyli ukochana owca Puyola z *Crackòvii* – przyp. tłum.), powiedział ze śmiechem. Bardziej poważna była dedykacja, którą przekazał swemu przyjacielowi Pepe, jednemu ze strażaków, który został poważnie poparzony w czasie gaszenia pożaru w Horta de Sant Joan latem 2009 roku. «Z tego miejsca przesyłam ci mnóstwo energii. Trzymaj się. Jestem pewien, że niedługo znów będziemy się razem śmiać». Wielki piłkarz, wielkie serce.

PUYOL

SERGIO

Przemierza przez życie nie robiąc niepotrzebnego szumu i tak też zjawił się w *Hat Trick Barça*. Przyszedł sam, bez nikogo z działu prasowego Barcelony. «Nie chcę nikomu przeszkadzać, oni mają wystarczająco dużo pracy». Takich ludzi się ceni. «Kiedy tata rozgrywał swój przedostatni sezon jako bramkarz Lleidy (2002), ja występowałem w drużynie Infantil w tym samym klubie. Dziennik „Segre" chciał zrobić o mnie reportaż. Tata na to nie pozwolił. „A czego ty dokonałeś, żeby pisano o tobie w gazetach? Tego, że jesteś synem bramkarza Lleidy? Żeby znaleźć się w gazecie, musisz na to zasłużyć. Teraz jest czas na pracę i zabawę, a nie na wywiady". W domu zawsze postrzegaliśmy sport i w ogóle życie w taki właśnie sposób». Lekcja dla wszystkich młodych piłkarzy.

XAVI

Jest jednym z najlepszych piłkarzy świata, ale w ogóle się nie zmienił: do programu przyszedł ze swoim przyjacielem Raúlem, jednym z tych na całe życie. Zdradził nam, że to on decyduje o tym, czy przed meczem murawa na Camp Nou powinna być podlana czy też nie. «Trochę pobiegam, pokopię piłkę i jeśli wszystko jest w porządku, to perfekcyjnie. W przeciwnym razie mówię Aureliemu Altimirze (jeden z asystentów Guardioli), aby trochę ją zrosił. Ja na ogrodnictwie się nie znam, ale na futbolu troszkę i owszem, nie?!» I na grzybach też! Co za niespodzianka! Urządziliśmy mu test, żeby nazwał poszczególne gatunki i trafił wszystkie trzy! «Jedną z moich pasji jest zbieranie grzybów, ale niestety nie mam na to dużo czasu».

Z Andrésem Iniestą przeżyliśmy jeden z najtrudniejszych momentów w historii programu. Po wygraniu Ligi Mistrzów w Rzymie, trzy miesiące zajęło mu wyleczenie kontuzji, a jakby tego było mało, spotkał go potężny cios: śmierć jego przyjaciela Daniego Jarque (8 sierpnia). «To zdarzenie zmieniło moje postrzeganie świata. Byłem rozbity i zacząłem we wszystko wątpić. Przez głowę przechodziło mi zbyt wiele złych myśli». Z czasem Andrés dostał szansę złożenia hołdu swemu przyjacielowi: strzelił zwycięskiego gola dla Hiszpanii w finale mistrzostw świata i sukces zadedykował Daniemu Jarque w postaci specjalnej koszulki, którą kilka miesięcy później wręczył jego rodzinie i klubowi – RCD Espanyol. Wielki gest wyjątkowej osoby.

INIESTA

Jak nieprzewidywalne jest życie! Cztery sezony temu Pedro był jednym z piłkarzy Barcelony C, która występowała w Tercera División. «Wiedzieliśmy doskonale, że jeśli nie dostaniemy się do Barcelona Atlètic (druga drużyna, dziś Barcelona B – przyp. tłum.), nasza przyszłość będzie malować się w czarnych barwach. Nawet sami nazywaliśmy naszą drużynę „Barça C-menterio" (Barça Cmentarz). Częściej przegrywaliśmy niż wygrywaliśmy, na treningach było nas niewielu i zawsze byliśmy uzależnieni od zawodników z drugiego zespołu, którzy czasem z nami grali, oraz od juniorów, którzy do nas dołączali. Nawet mało brakowało, a wypożyczyliby mnie do Portuense de Cádiz! W ten sposób stałem się piłkarzem, zaczynałem od cierpienia, nie od sukcesu». Wtedy do Barça Atlètic przyszedł Pep Guardiola i uratował mu życie. Dziś jest jedynym piłkarzem w historii światowego futbolu, który strzelał gole w sześciu rozgrywkach, w których Barça uczestniczyła i które wygrała w 2009 roku. «Wstydzę się to wspominać. Nawet nie mogę w to wszystko uwierzyć», powiedział nam, spuszczając głowę.

PEDRO

Syn i wnuk górników, David Villa, odwiedził nas miesiąc i cztery dni po tym, kiedy dowiedział się, że 33 mężczyzn zostało uwięzionych w chilijskiej kopalni na pustyni Atacama. W geście solidarności Villa przesłał im słowa otuchy: «Musicie wiedzieć, że – chociaż znajdujecie się głęboko pod ziemią – nie jesteście sami. Wszyscy jesteśmy razem z wami i chcemy zobaczyć was na powierzchni». Za pośrednictwem chilijskiej telewizji publicznej wiadomość dotarła do wszystkich rodzin, które oczekiwały na obozowisku Esperanza. Byli bardzo poruszeni naszą inicjatywą. W końcu, 13 października, koszmar górników skończył się. Wszyscy zostali uratowani. Bardziej relaksująca była wizyta Villi, gdy pojawił się w naszym programie w koszulce TH3 Choice, która jest nową marką jednego z jego przyjaciół. Co ciekawe, nasi kolejni dwaj goście, Sergio Busquets i Xavi Hernández, przyszli w koszulkach tej samej marki. Już Villa zadbał o to, by zrobili dobrą reklamę! To jest prawdziwy przyjaciel!

VILLA

Goszcząc Leo, odkryliśmy dwie rzeczy. Pierwsza: ma dziewczynę! Wszystkie plotkarskie pisma cytowały *Hat Trick Barça* jako źródło tej jakże istotnej informacji! O Matko! Crack Barcelony przyznał, że ma oficjalną narzeczoną. Chodzi o Antonellę Roccuzzo, młodą Argentynkę z Rosario. Drugie odkrycie: «Dlaczego nazywasz się Lionel?». Odpowiedź jest genialna: «Ponieważ mój tata jest zadeklarowanych fanem amerykańskiego piosenkarza Lionela Richie. Mamie w ogóle nie spodobał się ten pomysł, jednak po kłótni, która trwała jeszcze nawet w urzędzie stanu cywilnego, tata postawił na swoim i oto jestem. W Europie wszyscy znają mnie jako *Leo*, ale w Argentynie wołają na mnie *Lio*».

MESSI

PINTO

Podczas wizyty w *Hat Trick Barça* Pinto udowodnił, że jest człowiekiem o wielkich wartościach. Już na początku pokazał jak jest dumny ze swojej stałej współpracy ze szkołą La Salle w Puerto de Santa María (rodzinne miasto Pinto – przyp. tłum.), którą wspomaga. «My, osoby, które są trochę bardziej znane, możemy nieść pomoc innym. Lubię pamiętać o moich korzeniach i dokładać swoje ziarenko piasku. Nie lubię jednak, by o tym opowiadano, wolę działać anonimowo». To jedna z ciekawostek. A oto kolejna: Pinto posiada wytwórnię płytową (Wahin Makinaciones), która promuje młodych wykonawców hip-hopowych. «Ej, ale co wy robicie! To nie ma nic wspólnego z futbolem, a więc lepiej w ogóle o tym nie opowiadać» – powiedział nam. Mógł rozreklamować swój biznes, ale nie chciał! Teraz rozumiemy dlaczego w szatni wszyscy tak bardzo go cenią…

Wybrał nasz program, żeby po raz pierwszy wystąpić na żywo w telewizji. Śmiał się niesamowicie, oglądając fragment programu nadawanego przez Barça TV z obrazkami śledzącego go Piqué, gdy obaj byli tylko w majtkach: «Dzień wcześniej wziął mój telefon, a tego dnia kluczyki od samochodu. A zatem, kiedy tylko się zagapił, ja zabrałem jego. To było przyczyną tego śledzenia z nieprzewidzianym zakończeniem. Możecie sobie wyobrazić docinki i żarty, jakie musieliśmy później znosić!». Dowiedzieliśmy się również, że «moi rodzice, na przykład na lotnisku, nie pozwalają mi rozmawiać przez telefon czy słuchać muzyki. Mówią, że muszę poświęcić czas kibicom, którzy proszą o autografy albo zdjęcia. I mają rację. My, piłkarze, należymy do tych ludzi».

BOJAN

MILITO

Wydawca *Hat Trick Barça,* Santi Padró i jedna z osób odpowiedzialnych za montaż programu, Jordi Gayà, otrzymali zamówienie od Guardioli na przygotowanie motywującego wideo, które chciał pokazać piłkarzom tuż przed finałem Champions League z Manchesterem United w Rzymie. «To był ciężki rok, byłem kontuzjowany i nie mogłem pomóc drużynie. Kiedy zobaczyłem siebie na tym filmie, ja, który i tak nie mogłem wystąpić, poczułem coś tak niesamowitego, że teraz myślę sobie, iż to dobrze, że nie grałem: miałem tak podniesioną adrenalinę, że gdybym wyszedł na boisko, na pewno zostałbym z niego wyrzucony już przy pierwszym kontakcie z piłką». Jego powrót do gry był tak znaczący, że Guardiola stwierdził, iż: «powrót Milito do drużyny jest ważniejszy niż zdobycie trofeum». Zawsze najpierw jest człowiek, a dopiero później piłkarz…

TITO VILANOVA

Jest kimś więcej niż tylko prawą ręką Pepa Guardioli. Rozbawił nas, kiedy opowiadał o tym, jak po raz pierwszy razem rozmawiali z Leo Messim. «Wymagaliśmy od niego czegoś innego. Był bardzo dobry, ale my wyobrażaliśmy sobie, że jest znacznie lepszy i dlatego poprosiliśmy go o cztery rzeczy: żeby nie upominał się o wszystkie piłki w meczu, bo miał tak wielką ochotę do gry, że wszystko chciał robić sam; żeby nie cofał się na środek boiska; żeby cierpliwie czekał w pobliżu bramki rywala, a także, żeby starał się jak najszybciej odzyskać piłkę, kiedy ją straci. Sądzę, że pomyślał sobie wtedy: „Ci kolesie są szaleni". Ale później okazało się, że wcale nie wyglądało to tak najgorzej». Tak najgorzej? Było fenomenalnie! Przecież mówimy o najlepszym piłkarzu świata i jednym z najlepszych w historii futbolu!

24
28
5

ROMA FINALE 2009
6

Głos z szatni to przede wszystkim album. Album udany, z dobrymi zdjęciami. Przeglądając jednak kolejne fotografie warto zerknąć, co mają do powiedzenia piłkarze Barcelony.

Pierwsze, co rzuca się w oczy, to podkreślanie na każdym kroku, że są zwykłymi ludźmi, że żadni z nich celebryci i że nie najlepiej czują się w blasku fleszy. Trudno w to uwierzyć, gdy mowa o piłkarzach najlepszej drużyny na świecie, ale wygląda na to, że oni rzeczywiście tacy są. Oni po prostu uwielbiają grać w piłkę.

Usłyszałem kiedyś, że Barcelona to drużyna mikrusów. To prawda, Mesii, Xavi, Iniesta, Dani Alves, Villa czy Bojan to właśnie takie mikrusy z podwórka, które mogą grać całymi dniami. Byle mieć piłkę przy nodze, byle kiwać, „klepać" i strzelać gole. Gdy grasz przeciwko nim, wszystko dzieje się za szybko. Jak ulał pasują tu słowa Xaviego: „kiedy nie posiadamy piłki, cierpimy fizycznie i psychicznie, musimy mieć piłkę, by być bardziej sobą".

Najbardziej napalony na granie jest oczywiście Messi – trudno sobie wyobrazić, że można grać lepiej w piłkę niż on. „To co Messi robi na treningach, jest o wiele bardziej spektakularne, niż to, co prezentuje w weekendy", przekonuje jednak Pedro. Przekonał i mnie, że zamiast marzyć o meczach oglądanych na Camp Nou, oddałbym wiele za kartę wstępu na kilka treningów Barçy.

I jeszcze jedno. W prologu można przeczytać, że „książka, którą trzymasz właśnie w rękach to świetna szansa na odwiedzenie świata blaugrana [...], jeśli jednak szukasz tajemnicy, możesz się srogo zawieść. Znajdziesz tu wysiłek, solidarność, szacunek i radość".

A ja się z tym nie zgadzam. Żeby czarować tak, jak robi to Barcelona, potrzebna jest odrobina magii. Szczyptę wnoszą nieprzeciętni utalentowani piłkarze, szczyptę dokłada Guardiola. *Głos z szatni* to głos bezgranicznie ufających mu ludzi . Ciągle przypominają, że są Drużyną pisaną z wielkiej litery i to jest właśnie największa zasługa Pepa. Kilku czy kilkunastu fenomenalnych piłkarzy miał już niejeden trener, ale czy któryś stworzył podobne futbolowe cacko? Chyba nie. Na potwierdzenie najlepiej posłuchać tego, co mówią francuscy przyjaciele Erica Abidala: „Wasza Barça gra lepiej niż Barça z PlayStation". Nic dodać nic ująć.

Krzysztof Łoniewski
Dziennikarz redakcji sportowej PR III Polskiego Radia

Książka została wydana
we współpracy ze stowarzyszeniem

Fan Club Barça Polska
www.FCBP.pl

LIGA BBVA

LIGA BBVA